Immunbooster SMOOTHIES

stärke deine Abwehrkräfte!

CREATISSIMO
EINFACH.SELBER.MACHEN.

EMF

EIN BUCH DER
[EDI]TION MICHAEL FISCHER

IMPRESSUM

Bibliografische Information der Deutschen Bibliothek.

Die Deutsche Bibliothek verzeichnet diese Publikation in der deutschen Nationalbibliografie. Detaillierte bibliografische Daten sind im Internet über http://www.d-nb.de/ abrufbar.

Die im Buch veröffentlichten Aussagen und Ratschläge wurden von den Verfassern und dem Verlag sorgfältig erarbeitet und geprüft. Eine Garantie für das Gelingen kann jedoch nicht übernommen werden, ebenso ist die Haftung der Verfasser bzw. des Verlags und seiner Beauftragten für Personen-, Sach- und Vermögensschäden ausgeschlossen.

Die in diesem Buch enthaltenen Informationen, Anregungen und Ratschläge stellen die Meinung und Erfahrung der Autoren dar, basierend auf dem aktuellen Stand wissenschaftlicher Erkenntnisse. Sie wurden von der Verfasserin nach bestem Wissen und mit größter Sorgfalt recherchiert. Dennoch erfolgen alle Angaben ohne Gewähr und es kann keine Garantie übernommen werden. Das Buch kann eine persönliche Beratung oder kompetenten medizinischen Rat nicht ersetzen. Weder die Autoren noch Verlag können für eventuelle Schäden oder Nachteile, die sich aus den im Buch enthaltenen Hinweisen ergeben, eine Haftung übernehmen. Jeder Leser und jede Leserin ist nach wie vor für das eigene Tun selbst verantwortlich.

EIN BUCH DER EDITION MICHAEL FISCHER

1. Auflage 2017

Cover und Satz: Teresa Mittermaier
Reihenlayout: Leeloo Molnár
Illustrationen: Leeloo Molnár und Pia von Miller
Rezepte: Tanja Dusy (8/9, 10/11, 16/17, 20/21, 32/34, 38/39, 40/41, 42/43); Irina Pawassar (12/13, 14/15, 18/19, 26/27, 22/23, 24/25, 34/35, 30/31, 34/36, 36/37, 44/45, 46/47)
Fotos: Klaus-Maria Einwanger, Rosenheim (8/9, 10/11, 16/17, 20/21, 32/34, 38/39, 40/41, 42/43) Brigitte Sporrer, München (12/13, 14/15, 18/19, 26/27, 22/23, 24/25, 34/35, 30/31, 34/36, 36/37, 44/45, 46/47), Nadja Buchczik, Bielefeld (Cover)

ISBN 978-3-86355-750-8

Printed in Slovakia

www.emf-verlag.de

REZEPTE

DIE GRUNDLAGEN

HEALTHY MIXING

Sie machen Spaß, geben Power und stärken unser Immunsystem: Smoothies in allen Varianten machen süße Träume auf gesunde Art und Weise wahr. Nicht zuletzt, weil man weiß, was drinsteckt: Obst, mal Gemüse, Soja- oder Nussmilch, reichhaltige Superfoods und vor allem: kein Industriezucker.

DIE GRUNDREGELN

Klar, bei Smoothies denkt man eher an kühlende Drinks mit sonnengereiftem, exotischem Obst, Beeren oder frischen Kräutern bei den grünen Varianten. Allerdings büßen Obst und Gemüse durch extrem lange Transportwege und Lagerung einen Großteil ihrer gesunden Inhaltsstoffe ein. Und auch Treibhausware verfügt nachgewiesenermaßen über weniger Vitamine, Mineral- und sekundäre Pflanzenstoffe als Pflanzen, die bei Wind und Wetter unter freiem Himmel wachsen konnten. Daher sollte man bei der Wahl seiner Smoothie-Zutaten auch am besten der immer gültigen Devise folgen: lokal, saisonal und natürlich so frisch wie möglich. Zutaten in Bio-Qualität sind natürlich wünschenswert.

DIE GERÄTE

Wer einsteigen will, kommt bei den meisten Rezepten erst einmal mit einem normalen Haushaltsmixer zurecht: Der reicht für Smoothies aus weichen Obst- und Gemüsesorten. Vor allem zum Zerkleinern von harten Gemüsesorten braucht es allerdings einen Hochleistungsmixer. Erst damit wird das vollständige Aufbrechen der Pflanzenzellstruktur und damit die optimale Freisetzung aller Nährstoffe gewährleistet. Je kürzer gemixt wird, desto weniger Wärme entsteht und deutlich mehr Nährstoffe bleiben erhalten! Unerhitztes Gemüse liefert uns wichtige Enzyme, welche dem Aufbau und der Erneuerung unserer Zellen dienlich sind. Je mehr Enzyme wir im Körper haben, desto widerstandsfähiger

SMOOTH & COOL

Damit Smoothies schön cremig und nicht etwa zu dünnflüssig werden, gibt es einen ebenso einfachen wie genialen Trick: Bestimmte Früchte wie Banane, Mango und Avocado sorgen an sich schon für eine dickliche Konsistenz. Noch „smoother" werden die Shakes allerdings mit Obst in gefrorener Form. Hier eignet sich jede der bereits tiefgekühlten und damit rund um das Jahr erhältlichen Beerensorten. Aber auch andere Früchte, bei denen man Reste (z. B. die übrig gebliebene halbe Banane) in Stücke geschnitten einfrieren kann, sind ideal und steuern zusätzlich noch eine gesunde Süße in Form von fruchteigenem Zucker bei. Mit wenig Flüssigkeit im Blender gemixt wird daraus eine eiscremeähnliche Masse. Weitere tolle Smoothoperator sind Joghurt, Quark und andere cremige Milchprodukte. Sie sind leicht verdaulich, erfrischend und beste Eiweißquellen. Veganer können als Ersatz zu Produkten auf Soja- oder Nussbasis greifen.

GESUNDHEIT UND VITALPOWER PUR

Vor allem in grünen Smoothies mit reichlich grünem (Blatt-)Gemüse und Kräutern steckt jede Menge Chlorophyll. Die darin enthaltenen Antioxidantien bieten besonders wirksamen Schutz gegen freie Radikale. Das bringt Energie, lässt Stress besser bewältigen, mobilisiert die Abwehrkräfte unseres Immunsystems und fördert die Regenerationsfähigkeit. Chlorohyll wird auch gerne „flüssiges Sonnenlicht" genannt, weil es aus Kohlendioxid, Sonnenlicht und Wasser praktisch neue Energie herstellt. Es ist dem menschlichen Blutfarbstoff Hämoglobin sehr ähnlich, weswegen die regelmäßige Einnahme die Sauerstoffzufuhr erhöht, den Körper entgiftet und uns für die nächste Erkältung rüstet. Zusätzlich werden dem Körper praktisch alle wichtigen Vitamine, Mineralien und Spurenelemente, viel Eisen und Magnesium geliefert. Unser Extratipp: Beim Trinken sollte darauf geachtet werden, dass der Smoothie etwas länger im Mund bleibt: So können die Nährstoffe noch besser aufgenommen werden!

DIE ZUTATEN

IMMUN-BOOST-STARS

Spitzenreiter in Sachen Chlorophyll und anderer Antioxidantien ist Kohl, allen voran Grünkohl, aber auch Brokkoli, Pak Choi oder Wirsing. Zutaten wie Petersilie, Fenchel oder Stangen- oder Knollensellerie geben nicht nur einen einzigartigen Beigeschmack, sondern sind richtige Heilmittel, die unsere Magen- und Darmflora positiv beeinflussen.

SAUER MACHT LUSTIG

Zitrusfrüchte enthalten Vitamine und wichtige Antioxidantien. Obwohl sie sauer schmecken, regen sie den Körper nicht zur Säurebildung oder Übersäuerung an, sondern helfen dem Magen durch die erhöhte Speichelbildung auf dem Verdauungsweg. Vor allem im Winter schützen Orange, Mandarine, Granatapfel und Co. gegen anstehende Grippewellen. Die antibakteriellen Wirkstoffe der sauren Superbeere Cranberry sind besonders bekannt für die Linderung bei Blasenentzündungen im Anfangsstadium.

VON WÜRZIG BIS SUPERSCHARF

Vor allem Ingwer- und Kurkumawurzeln haben es in sich. Ihre Schärfe bringt die Verdauungsorgane auf Trab und ist ein effektiver Bakterien- und Virenkiller, der Magen, Leber und Co. gesund hält. Kurkuma und Zimt z. B. wirken entzündungshemmend. Ingwer schenkt Energie, stärkt die Abwehrkräfte und wärmt Körper und Seele von innen. Ihre „scharfen" Inhaltsstoffe tragen zur körpereigenen Blutreinigigung bei und sollen jüngsten Studien zufolge sogar Schäden durch Nikotin neutralisieren.

... ODER SOGAR BITTER

Bitterstoffe in Pflanzen sind ein oft ideale Helfer für die natürliche Entgiftung. Bittere Salate wie Chicorée stehen hier ganz oben auf der Liste. Sie fördern die Bildung von Magen- und Gallensaft, helfen massiv beim Ausscheiden von Giftstoffen und sind außerdem natürliche Fettburner. Zu bitter? Dann im Smoothie einfach mit süßem Obst kombinieren!

SUPERFOODS

ACAI-PULVER: Die Acai-Beere gilt als natürlicher Schlankmacher und unschlagbare Anti-Aging-Waffe.

ACEROLA: Die tropische Acerloakirsche ist bei uns fast ausschließlich als Saft erhältlich und gilt als eine der Vitamin-C-reichsten Früchten.

ARONIA: Die Aroniabeere unterstützt die Selbstheilungskräfte des Körpers, wirkt entzündungshemmend und regt besonders die Durchblutung an.

HANFPULVER/HANFSAMEN: Sie zählen zu den besten Eiweißlieferanten der Welt! Als Smoothie-Zutat sind die geschälten Samen oder das Pulver am besten geeignet.

KAKAO (ROH): Roher, naturbelassener Kakao strotzt nur so vor wertvollen Antioxidantien. Dieser natürliche Energiespender ist die Nummer eins der Natur zum Abnehmen.

KOKOSÖL: Super für Immunsystem und Elektrolyte. Durch seine leicht verdaulichen, mittelkettigen Fettsäuren wird es zum wichtigen Energielieferanten.

LEINSAMEN: Leinsamen stecken voller Omega-3-Fettsäuren und Ballaststoffe. Die perfekte und einheimische Alternative zu den bekannten Chia-Samen.

ROTE BETE: Die heimische Knolle ist ein echter Allrounder. Sie schützt Herz und Blutgefäße, stimuliert die Leberzellen und senkt den Blutdruck. Den extra Farbkick liefert sie obendrein!

SANDDORN: Der ideale Ersatz zur heißen Zitrone aus dem deutschen Norden. Bei der nächsten Erkältung einfach mal die kleinen gelben Vitaminbomben probieren.

ZIMT: Würzig und süß. Das winterliche Gewürz senkt den Blutzucker, fördert damit den Fettabbau und gibt jedem Smoothie einen unverkennbaren Geschmack.

Blue Velvet

Eine Schönheitscreme, die mal von innen wirkt: Nicht nur die tropische Acai-Beere hat es in sich; alle hier versammelten Superbeeren sind prallvoll mit Antioxidantien und sorgen für samtige Haut.

Topping

2 EL Heidelbeeren

2 EL Granatapfelkerne

2 EL getrocknete Maulbeeren

50 g tiefgefrorenes
ACAI-PÜREE
SAFT EINER HALBEN ORANGE
½ zerriebene Tonkabohne oder Mark einer ½ Vanilleschote
40 G SAUERKIRSCHEN, entsteint
nach Belieben:
1 EL Agavendicksaft
1 kleine BANANE
JE 40 G
Himbeeren,
HEIDELBEEREN,
Brombeeren

SANTA CLAUS' MAGIC JUICE

Hoh hoh hoh – hier kommt ein Wunderelixier, das statt roter Schnupfennasen rosige Wangen zaubert: voller Vitamine und allem, was nicht nur Weihnachtsmänner fit durch die kalte Jahreszeit bringt.

100 g
Ananas
je nachdem,
wie scharf
man's mag
15–20 g
Ingwer
25 g Knollen-
sellerie (geputzt)
1 ROTE BETE
(90 G)
1 kleine
Möhre
(50 g)
200 ml Wasser
EIN HALBER APFEL
50 G
1 TL KOKOS-
ODER RAPSÖL

PINK POWER

Wie bekomme ich mein Kind dazu, gesunde Rote Bete zu essen? Bieten Sie ihm einen Pink-Power-Smoothie an, garniert mit rohen Kakao-Nibs! Er ist süß, erfrischend und sooo lecker ...

Topping: einige Kakao-Nibs

80G ROTE BETE, ROH
200 ml Mandel- oder Reismilch
3 Esslöffel Ahornsirup oder Honig
100 ml Wasser
ETWAS FRISCHE MINZE

Total Local Winter Smoothie

Ein toller lokaler Smoothie für den Winter. Die Mischung aus Rote Bete, Grünkohl, Apfel und Co. macht die dunkle Jahreszeit bunt und lecker! Topinambur, auch Erdbirne genannt, ist eine eher unscheinbare Zauberknolle voller Vitamine und Eisen.

TIPP

Selbst gezogene Sprossen liefern mitten im Winter viele Vitamine.

süßen nach Geschmack

etwa 50 g
Rote Bete, roh
EIN APFEL
etwa 50 g
Topinambur, roh
Tipp
1 TL Hanfpulver
1 Handvoll Grünkohl
200 ml Wasser
etwa eine halbe
Handvoll Brombeerblätter
oder frische Kräuter
SPROSSEN
1 EL Aronia-Beeren (eingeweicht)

NO-RED-NOSE

Schnupfennase ade, denn hier steckt in allen Zutaten reichlich Vitamin C. Absoluter Spitzenreiter ist allerdings die tropische Acerolakirsche, die man sich im Winter ab und an gönnen sollte.

Saft von 6 Mandarinen (ca. 180 ml)
½ Fenchelknolle (80 g)
2 EL Sanddornmark mit Honig
100 g gefrorenes Acerolamark
NACH WUNSCH: 1 EL HONIG

KoKo

KO= Kohl, KO= Kokos. Ein bewährter Gesundheits-Powerdrink, denn so schmeckt Grünkohl am allerbesten. Man glaubt es aber wirklich erst, wenn man ihn probiert hat! Na, dann mal los!

Tipp:

Natürlich kann man das Kokoswasser auch durch normales Wasser ersetzen.

2–3 Blätter Grünkohl (oder Wirsing), ohne Stiel
eine Birne
250 g Kokoswasser
eine Banane
5–6 Datteln

GOLDMILCH

Der Star dieses Smoothies ist die Kurkuma: Die Wunderknolle gilt dank ihres Wirkstoffs Curcumin als Heilpflanze. An kalten Tagen ist dieser süße und gleichzeitig leicht scharfe Smoothie als warme Variante ein wahrer Seelenwärmer.

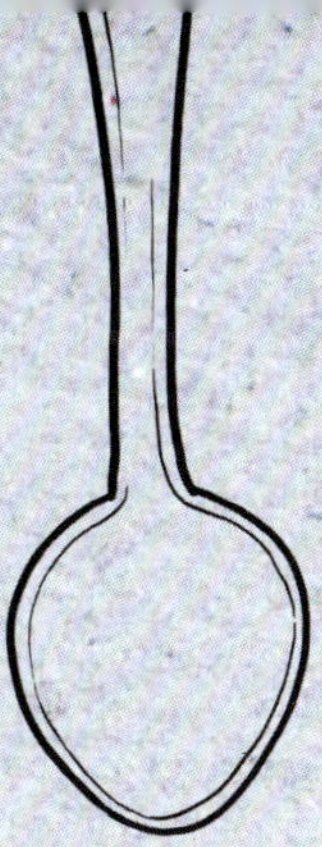

2–3 EL Ahorn-
sirup
oder
4 Datteln

ETWA
1 DAUMENLANGE
(20 G) FRISCHE
KURKUMAWURZEL
ODER 1 TL
KURKUMAPULVER

Eisenkönig

Petersilie in einem Smoothie? Ja, denn dieses Kraut ist viel mehr als Deko und steckt voller wichtigem Eisen! Zusammen mit Fenchel und Orange ergibt sich ein leckerer Gesundheits-Cocktail vom Feinsten.

½ HANDVOLL PETERSILIE
150 ML WASSER
2 UNBEHANDELTE ORANGEN (mit etwas Schale)
80 g Fenchel

immersatt

Kohl ist das neue „Superfood" schlechthin! Mit vielen Vitaminen, Mineral- und Ballaststoffen hat das Gemüse eine sehr gesundheitsfördernde Wirkung. Zusammen mit der Avocado, die reichlich gesunde Fette enthält, ergibt sich ein leckerer und supergesunder grüner Smoothie.

tipp

Wer die nahrhafte Kiwischale mitverarbeiten möchte, verwendet am besten eine Bio-Kiwi.

1 Handvoll (etwa 30–40 g) Wirsingblätter – ohne Stiel, alternativ Grünkohl
200 ML WASSER
1 KIWI
1 TL KOKOS-BLÜTENZUCKER ODER BIRKENZUCKER (XYLIT)
1 Birne
¼ AVOCADO

green MACHINE

Grüne Power! Dieser eisenhaltige Cocktail schmeckt lecker und ist gleichzeitig sehr gesund. Der Stangensellerie ist eine echte Nährstoffbombe und die Portion Ingwer verleiht den speziellen Pfiff!

140 ML WASSER
15 G PETERSILIE
2 G Olivenöl
2 G INGWER
40 G STANGENSELLERIE mit Blättern
80 G GURKE OHNE KERNE
10 g Agavendicksaft
10 g Zitrone
4 Eiswürfel
150 G MANGO

Schneewittchen

Wer möchte schon weiß wie Schnee sein? Für eine rosig gesunde Hautfarbe sorgen hier auf jeden Fall Möhre, Orange und Preiselbeere. Und wer reichlich davon trinkt, braucht auch keine Blasenentzündungen zu fürchten.

1
2
5 Eiswürfel
3
4
1 rote Möhre (80 g)
40 G
Saft von 1 Orange
1 Becher Kokosjoghurt (125 g) - unten ins Glas geben
gefrorene PREISELBEEREN oder CRANBERRYS
1 KLEINE GEFRORENE BANANE (IN STÜCKEN)
Mark von 1/3 Vanilleschote
2-3 EL Agavendicksaft

Rotbäckchen

Hagebutten sind das perfekte Powerfood für den Herbst. Im Sommer kann man den Anblick der herrlichen Rosen genießen und später deren Superfood-Qualität als Frucht verwenden. Die kleinen leuchtenden Kraftpakete haben einen sehr hohen Vitamin-C-Anteil und stärken das Immunsystem.

TIPP

Wer mag, kann noch 1 Orange dazugeben.

1 EL geschälte Hanfsamen
1
250–300 ml Wasser
1 EL Hagebutten-pulver
4-5
Apfel
30–40 g Fenchel
WALNÜSSE
8–10 Hagebutten oder 1 EL Hagebuttenpulver

Jadedrache

Früher fand man ihn nur in Chinas Garküchen: Heute wird der chinesische Senfkohl auch hierzulande angebaut. Seine Senföle sind anregend und wirken antibakteriell.

Saft von 1/2 Bio-Limette
+ 3 cm Schale
100 ml Wasser
100 g Pak Choi
1/3
grüner
Apfel
1
Orange,
geschält

WINTERBOMBE

Grünkohl, immer wieder Grünkohl! Der Vitaminlieferant steckt voller Chlorophyll und ist auch noch richtig lecker. Wer ihn einmal im Smoothie für sich entdeckt hat, kann gar nicht genug davon bekommen!

TIPP

Zum Nachsüßen eignet sich Ahornsirup!

EINE STANGE SELLERIE
250–300 ml Wasser
2 Blätter Grünkohl, ohne Stiel
(etwa 50 g)
alternativ: Wirsing
GESCHÄLTE HANFSAMEN
1EL
Birnen
2

Blush

Die rote Aroniabeere ist der Knaller! Nicht umsonst ist sie auch unter dem Beinamen „Gesundheitsbeere" bekannt. Sie steckt voller Vitamine und Mineralstoffe und soll die Selbstheilungskräfte des Körpers unterstützen. Trotz ihrer leichten Bitterkeit schmeckt sie in dieser erfrischenden Kombination besonders lecker!

Apfel
100 ml Wasser
2 EL Aroniabeeren
30 g
ROTE BETE
2 EL GESCHÄLTE Hanfsamen
2 ORANGEN

GELBER WICHTEL

Gelb, aber oho: ein kleines bisschen Wintergemüse im Glas kann Großes für die Abwehrkräfte leisten – nicht zuletzt in Kombi mit Mango. Die Tropenfrucht stärkt mit Vitamin C und Provitamin A das Immunsystem.

Mark von ½ Vanilleschote
1 KLEINE GELBE BETE (50 G)
1 kleine STAUDE Chicorée (60 g)
eine halbe Mango
(100 g)
2 EL AHORNSIRUP
250 ML KOKOS-DRINK

Apple Shake

Genau das Richtige in der kalten Jahreszeit: Apfel, Nuss und Mandelkern, herzerwärmender Zimt und dazu noch Preiselbeeren, die mit viel Vitamin C vor Grippe schützen.

50 G TK-PREISELBEEREN ODER CRANBERRYS
60 ml Mandelmilch
50 G GETROCKNETE MEDJOL-DATTELN
BEIDE SCHICHTEN VERZWIRBELN
½ TL ZIMTPULVER
1 großer Apfel
150 ml Mandelmilch

Velvet Jewel

Wie kleine Rubine wirken die Kerne des Granatapfels. Die blutrote Farbe ist dabei Programm: Die darin enthaltenen Bitterstoffe sind blutreinigend und stärken gleichzeitig das Immunsystem.

1 kleiner Chicorée (70 g)
200 g Granatapfelkerne
40 g TK-Heidelbeeren
2 SPRITZER Zitronensaft

SAUER POWER

Sauer macht bekanntlich lustig, oder? Die orangen, säuerlich schmeckenden Sanddornbeeren sind auf jeden Fall wegen ihres sehr hohen Vitamin-C-Gehalts total gesund! Küstenbewohner können die Power-Beeren selbst pflücken, anderenorts muss man sich mit dem Saft oder Mus aus dem Reformhaus begnügen.

TIPP

Wer mag, kann noch mit Ahornsirup nachsüßen.

100 ML SANDDORNSAFT (ODER 2 EL MUS)
1 Apfel
etwa 40 g Brokkoli
100 ml Wasser
Saft einer ZITRONE
1 TL GEMAHLENE LEINSAMEN
(bei Verwendung eines Hochleistungsmixers ungemahlen)

SMOOTHIE MEDITERRAN

Sie sehnen sich nach dem blauen Mittelmeer, dem Sommer und wärmenden Sonnenstrahlen? Dann verschafft dieser extravagante Smoothie Abhilfe, voll mit Vitamin C, mediterran-orientalischem Aroma und Grillenzirpen …

3-4 frische Feigen

Saft einer halben Zitrone

200-300 ml Wasser

2-3 DATTELN

1 Granatapfel (nur Kerne)

TIPP

Die Granatapfelkerne in einer mit Wasser gefüllten Schüssel pulen, dann spritzt es nicht!

Green Smoothies –
Power for you!

ISBN 978-3-86355-452-1

Smoothies – Shakes
Fruchtig & süß

ISBN 978-3-86355-681-5

Smoothies – Detox your life
Green & clean

ISBN 978-3-86355-643-3

Smoothies –
Power for you!

ISBN 978-3-86355-326-5

Smoothies mit Superfoods
Heimisch & exotisch

ISBN 978-3-86355-560-3

Weiße Smoothies
Cremig & gesund

ISBN 978-3-86355-561-0

Smoothies for kids –
Bunt & gesund!

ISBN 978-3-86355-457-6

Smoothie Bowls –
Power-Start in den Tag

ISBN 978-3-86355-456-9

Smoothies im Winter
Kalt & warm

ISBN 978-3-86355-559-7